Rainer Kieselbach
Klaus Laaser

Marburg-Biedenkopf

Verlag
Klaus Laaser

1. Auflage 1994
Copyright 1994 by Klaus Laaser, Marburg
Printed in Germany
ISBN 3-9800115-5-0

Aufnahmen	Ralf A. Niggemann, Marburg S. 70–71
	Sparkasse Marburg-Biedenkopf S. 14–15, 24–25, 27 (unten), 30–31 (Luftaufnahme), S. 32–33, 46–47, 54–55, 68
	Sigrun Wiegand, Gladenbach S. 40–41
	Alle anderen Aufnahmen: Klaus Laaser, Marburg
Landkarte:	Ursula Kühlborn, Niedenstein
Übersetzungen	Lucette Karner, Marburg Französische Fassung
	Madeleine Kinsella, Marburg Englische Fassung
Layout	Erwin Wißner, Marburg Klaus Laaser
Lithos	Repro Service, Lauterbach
Satz	Satzherstellung Karlheinz Stahringer, Ebsdorfergrund-Leidenhofen
Druck	Druckerei Kempkes Offset- und Buchdruck GmbH, Gladenbach
Einband	Langelüddecke, Braunschweig

Inhaltsverzeichnis

Table of contents

Table des matières

	Seite / page		Seite / page
Vorwort / Foreword / Préface	5 / 6 / 7	Lohra	46
Landkarte / Map / Carte	8	Marburg	48
		Münchhausen	52
Amöneburg	10	Neustadt	54
Angelburg-Gönnern	14	Rauschenberg	58
Bad Endbach	17	Stadtallendorf	60
Biedenkopf	20	Stadtallendorf-Schweinsberg	62
Biedenkopf-Wallau	24	Steffenberg	63
Breidenbach	26	Weimar	64
Cölbe	28	Wetter-Mellnau	65
Dautphetal	30	Wetter	66
Ebsdorfergrund-Dreihausen	32	Wohratal	68
Ebsdorfergrund-Rauischholzhausen	34	Fachwerk / Timberframe Architecture / Le colombage	69
Fronhausen	36		
Gladenbach	38		
Kirchhain	42	Ostereiermalerei / Easter Egg Decoration / La décoration des œufs de Pâques	72
Lahntal	44		

Landkreis Marburg-Biedenkopf

Warum in ferne Länder schweifen, wenn das Schöne liegt so nah? Diese Frage wird sich sicher so mancher von uns stellen, wenn er seinen Urlaub, ein verlängertes Wochenende oder einfach einen sonnigen Tag dazu nutzt, sich die Heimat einmal etwas näher an zusehen.

Die Frage ist durchaus berechtigt, denn Deutschland hat, einer Schatzkammer gleich, einen unendlichen Reichtum an landschaftlichen Schönheiten zu bieten. Das Bundesland Hessen, „Herz Deutschlands" wie es gerne bezeichnet wird, ist eines dieser Schmuckstücke und, um den Kreis enger zu schließen, die Gegend von Angelburg im Westen bis nach Neustadt im Osten, von Münchhausen im Norden bis Fronhausen im Süden, die den Landkreis Marburg-Biedenkopf bildet, ist eine Perle darin.

Hessen zählt zu den waldreichsten Bundesländern. Der Landkreis trägt mit 41%igen Waldanteil seiner 1.262 qkm Fläche maßgeblich zur grünen Lunge Hessens bei. In der abwechslungsreichen Mittelgebirgslandschaft bildet die Sackpfeife bei Biedenkopf mit 674 m über NN die höchste Erhebung im Landkreis.

Will man die Schönheiten der Landschaft, die baulichen Zeitzeugen vergangener Größe, bäuerliche Idylle, die es im Landkreis durchaus noch gibt, kennenlernen, ist es empfehlenswert, nicht nur die Bundes-und Landesstraßen zu nutzen. „bieg mal ab…!" ermuntern die Fremdenverkehrswerber, und sie haben recht. Es lohnt sich wirklich, auch einmal Nebenstraßen zu fahren, vielleicht per Rad oder auf Schusters Rappen auf Entdeckungsreise zu gehen. Auf diese Weise kann man viel mehr kennenlernen. Man begegnet – insbesondere an Sonn-und Feiertagen – in den ländlichen Gemeinden oft noch Frauen in Tracht auf dem Weg zum Kirchgang. Interessante Unterschiede werden sichtbar zwischen der farbenprächtigen Tracht z.B. im katholischen Amöneburg gegenüber der evangelischen Tracht wie sie z.B. in Biedenkopf getragen wird. Wer auf geschichtliche Entdeckungsreise geht, für den ist die Region Marburg-Biedenkopf ebenfalls ein reiches Betätigungsfeld.

Die Universitätsstadt Marburg, die Wiege des Hessenlandes – hier wurde 1248 das Land aus der Taufe gehoben – ist dabei ebenso ein „Muß" wie Biedenkopf, Neustadt, Kirchhain, Amöneburg, die Liste läßt sich beliebig erweitern. Die Fülle an Historie und Idylle soll jedoch nicht darüber hinwegtäuschen, daß der Landkreis Marburg-Biedenkopf eine junge, lebendige Region ist, ein Landkreis, in dem Tradition und Fortschritt gleichermaßen ihren Platz haben. Die Marburger Philipps-Universität mit rund 19.000 Studierenden, mittelständische Industrie mit Stadtallendorf als einem wichtigen Standort, Kneipp- und Luftkurorte, Landwirtschaft in nennenswertem Umfang (immerhin sind 45% der Kreisfläche landwirtschaftlich genutzt) sind Beispiele, wie verschieden und vielfältig sich auch aus wirtschaftlicher Sicht der Landkreis präsentiert.

Der Landkreis Marburg-Biedenkopf in seinen heutigen Grenzen ist das Ergebnis einer Gebietsreform. Im Gegensatz zu vielen vorangegangenen territorialen Veränderungen früherer Jahrhunderte ging diese Reform allerdings friedlich vonstatten.

Bis zum Jahre 1974 gab es im heutigen Kreisgebiet zum einen die beiden eigenständigen Landkreise Marburg und Biedenkopf und zum anderen die kreisfreie Stadt Marburg, die im Rahmen dieser Umorganisation ihre Kreisfreiheit verlor. Der neu entstandene Landkreis Marburg-Biedenkopf umfaßt 22 selbständige Städte und Gemeinden mit rund 248.000 Bewohnern und wird von seinem Landrat in der Kreisstadt Marburg „regiert". Die Universitätsstadt Marburg hat wegen ihrer zahlreichen eigenständigen Aufgaben dabei einen Sonderstatus vom Land Hessen zuerkannt bekommen.

Soweit ein kleiner Steckbrief des Kreises. Der vorliegende Bildband soll mit dazu beitragen, „Appetit zu machen", ähnlich wie der Fotograf, selbst im Landkreis Marburg-Biedenkopf einmal auf Entdeckungstour zu gehen.

The Marburg-Biedenkopf Region

Why travel to distant lands when one's own country has so much to offer? That is a question often posed when deciding where to spend holidays, a long weekend, or even just a fine day exploring one's own local area. It is a justifiable question considering that Germany is a country of almost unending scenic delights. The federal state of Hesse, the "heart of Germany", as it is often called, is just one of these jewels in the country's scenic crown, and the area comprising the Marburg-Biedenkopf region from Angelburg in the west to Neustadt in the east, and Münchhausen in the north to Fronhausen in the south, is a pearl within it.

Hesse is one of the most densely wooded of the federal states in Germany. The Marburg-Biedenkopf region with an area of 1,262 sq. km, of which 41 % is woodland, is a vital component of Hesse's green belt. Surrounded by highlands, the Sackpfeiffe at Biedenkopf (674 m above sea level) is the highest elevation in the region.

Whoever wants to enjoy the unspoilt countryside, the historic sites, as well as the rural peace and tranquility still to be found in the region, would be well advised to abandon the main roads. "Turn off" is the advice offered by the tourist office, and they are right. It is well worth while branching off into the byways, perhaps taking a bicycle instead of the car, or even walking. This way there is so much more to see and discover. In the country parishes, especially on Sundays and church holidays, women in traditional costumes can be seen on their way to church. It is fascinating to compare the more colourful costumes of the women of Catholic Amöneburg with the more sober ones favoured by the Protestant women of Biedenkopf. Whoever sets out on a journey of historical and cultural exploration will find much to discover in the Marburg-Biedenkopf area.

The university town of Marburg, the cradle of the state of Hesse which was proclaimed here in 1248, is but one of a long list of towns well worth visiting including Biedenkopf, Neustadt, Kirchhain and Amöneburg. But underneath this layer of history and tradition there exists a vital and dynamic economy. The Marburg-Biedenkopf region is one in which tradition and progress are of equal importance. The University of Marburg with ca. 19,000 students, Stadt Allendorf, centre of the region's light industry, the various Kneipp spa towns and agriculture (45 % of the land is under agricultural use) are examples of the solid economic foundations on which the prosperity of the region is based.

The Marburg-Biedenkopf region in its present form is the result of a local authority reorganization scheme. In contrast to many of the territorial changes that took place in previous centuries, this was a bloodless reform. Until 1974 there were two separate administrative districts, Marburg and Biedenkopf. The town of Marburg was an independent municipal authority. 1974 saw the amalgamation of the town of Marburg along with these two districts into a single administrative region with Marburg losing its municipal independence. The new region Marburg-Biedenkopf consists of 22 towns and parishes with ca. 248,000 inhabitants and is governed by a local authority with its seat in Marburg. The university town itself has been granted special status by the Hessian government.

This brief look at the composition of the region is intended to inspire the reader to explore for himself, just like the photographer of this book, the hidden world of the Marburg-Biedenkopf region.

La circonscription de Marburg-Biedenkopf

Pourquoi partir vers des pays lointains alors que c'est si beau tout près? Nombreux sont ceux qui se poseront cette question en profitant de vacances, d'un week-end prolongé ou tout simplement d'une journée ensoleillée pour découvrir la région de Marburg-Biedenkopf.

L'Allemagne possède, en effet, une richesse inépuisable en paysages magnifiques. Le land de Hesse, souvent qualifié de «cœur de l'Allemagne», est un de ces trésors dont la circonscription de Marburg-Biedenkopf, qui s'étend d'Angelburg à l'ouest à Neustadt à l'est et de Münchhausen au nord à Fronhausen au sud, en est une perle.

La Hesse compte parmi les lands les plus boisés. La circonscription, dont 41 % de la superficie totale de 1.262 km^2 est recouverte de forêts, représente un des espaces hessois les plus verts. Dans ce paysage mouvementé des montagnes de moyenne altitude, la Sackpfeife près de Biedenkopf, qui culmine à 674 mètres, est la plus haute élévation de la région.

Pour découvrir les attraits du paysage, les témoins architecturaux du passé, la vie champêtre pleine d'harmonie et de charme que l'on rencontre encore si souvent ici, il est recommandé de ne pas emprunter seulement les routes principales mais d'obliquer sur les routes secondaires et chemins, comme le conseillent les offices du tourisme… et aussi de parcourir la région à bicyclette ou tout simplement à pied. Dans les communes rurales on voit encore souvent, en particulier le dimanche et les jours feriés, des femmes en costumes traditionnels allant à la messe. Les différences sont marquantes entre les couleurs des costumes traditionnels portés, par exemple, par les catholiques d'Amöneburg et ceux des protestantes de Biedenkopf. Celui qui s'intéresse au passé s'apercevra vite que la région de Marburg-Biedenkopf est très riche en sites historiques.

La ville universitaire de Marburg, le berceau du land de Hesse – le land y fut fondé en 1248 – vaut la peine d'une visite, comme Biedenkopf, Neustadt, Kirchhain, Amöneburg et bien d'autres localités. Les nombreuses traces historiques et légendes ne doivent cependant pas donner une idée fausse de cette région qui est jeune et animée et où tradition et progrès ont pris une part égale. L'université Philipp de Marburg avec ses quelques 19.000 étudiants, une industrie moyenne avec Stadtallendorf comme important centre, des stations climatiques et hydrothérapiques, une agriculture notable (45 % de la superficie de la circonscription sert à l'exploitation agricole) montrent les aspects divers et l'essor de la région du point de vue économique.

Les limites actuelles de la circonscription de Marburg-Biedenkopf sont le résultat d'une réforme régionale. Mais, contrairement aux nombreux changements territoriaux des siècles passés, l'entrée en vigueur de cette réforme fut pacifique. Jusqu'en 1974 l'actuelle région était formée de deux circonscriptions indépendantes, celles de Marburg et de Biedenkopf, et de la ville libre de Marburg qui perdit son indépendance administrative dans le cadre de la réorganisation. La nouvelle circonscription administrative comprend 22 villes et communes regroupant environ 248.000 habitants et est «gouvernée» par le directeur administratif de la circonscription (landrat) dont le siège est à Marburg. La ville universitaire s'est vue attribuer un statut particulier en raison de ses nombreux devoirs autonomes.

Après ce bref aperçu, le présent livre illustré a pour but de donner envie aux lecteurs de partir, comme le photographe, à la découverte de la région.

Amöneburg

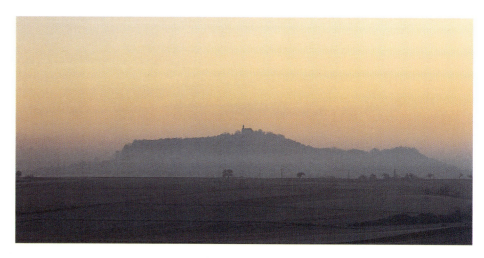

Amöneburg, Blick von Westen
View from the West
Vue de l'ouest

Erste Siedlungsnachweise gehen etwa auf das Jahr 450 v. Chr. zurück. Zu dieser Zeit entstand eine keltische Stadtfestung. Der Name Amöneburg ist von „Amanaburg" (Amana = Ohm), Stadt an der Ohm, abgeleitet. Die Amöneburg ist, ob wie hier aus der Vogelperspektive, oder so, wie sie sich üblicherweise dem Betrachter zeigt, der markante Punkt der Landschaft, die sie umgibt. Das Amöneburger Becken zeichnet sich durch seine fruchtbaren Böden aus. Der Ort erhebt sich auf einem mächtigen Basaltkegel und wird von der Burgruine, Resten eines kurfürstlichen Schlosses, gekrönt. Zu den baulichen Zeitzeugen des heute rd. 5.400 Einwohner zählenden Städtchens zählen die Ausgrabungsfunde der Wenigenburg, alte Ritterhöfe, die Kirche St. Johannes Baptist und natürlich das Brücker Wirtshaus.

The first archaeological traces of human habitation date back to ca. 450 BC. About this period the Celts erected a fortified town on the site. The name Amöneburg is derived from "Amanaburg" which means town on the Ohm. Amana is the original name of the Ohm. The Amöneburg as seen here from a bird's eye view, or from the more usual aspect it presents to the observer on the ground, is the most prominent feature of the surrounding landscape. The Amöneburg basin is an extremely fertile area with excellent soil for agricultural purposes. The town itself is perched on a huge outcrop of conical basalt rock and is overlooked by the ruins of a medieval castle. Today the town has a population of ca. 5,400. It also boasts a number of historical features of interest: the archaeological discoveries at the Wenigenburg, old seigneurial manor houses, the Church of St. John the Baptist and the Brücker Inn.

Les premières traces de colonisation remontent à l'an 450 av. J.-C. Des fortifications celtes furent bâties à cette époque. Le nom Amöneburg vient «d'Amanaburg» (Amana = Ohm), ville au bord de la rivière Ohm. Amöneburg, vue à vol d'oiseau comme ici, ou bien de la perspective habituelle offerte à l'observateur, est le point le plus marquant du paysage qui l'entoure. Le bassin d'Amöneburg est caractérisé par un sol fertile. La localité se dresse sur un cône basaltique massif, couronné par les vestiges d'un château des princes électeurs. Parmi les édifices historiques de la petite ville d'aujourd'hui 5.400 habitants, il faut citer les fouilles du château fort Wenigenburg, les vieilles maisons seigneuriales, l'église St Jean-Baptiste ainsi que l'auberge Brücker.

Amöneburg ▷

Amöneburg-Brücker Mühle

Die Brücker Mühle und das dazugehörige Wirtshaus weisen auf den Standort des ehemaligen, im Mittelalter dort befindlichen, Dörfchens Brück hin. Dieses Dorf war an einer alten Handelsstraße, die hier über die Ohm führte, angelegt. Nahe der Mühle, erstmals 1248 urkundlich erwähnt, tobte im September 1762 eine heftige Schlacht. An diese kriegerische Auseinandersetzung im 7jährigen Krieg und den nachfolgenden Waffenstillstand erinnert ein Denkmal, der „Friedensstein", auf dem Hof des Brücker Wirtshauses. Der Brücker Müller bewirtete in dem 1752 entstandenen Gasthaus die vorbeifahrenden Handelsleute. Er besaß nämlich das Privileg des Bierausschanks. Das Gasthaus mit seinem Biergarten ist heute ein beliebtes Ausflugsziel.

The Brücker mill and the inn belonging to it mark the site of the tiny village of Brück which used to exist in the Middle Ages. This village was situated on a trading route which crossed the Ohm at this point. The mill was first recorded in 1248. Some centuries later, in 1762, a violent battle took place near the inn during the Seven Years War. In the courtyard of the Brücker Inn stands the "peace stone", a memorial erected to this battle and the truce which followed it. The inn was constructed in 1752 and the proprietor of the Brücker mill provided food and shelter for travelling merchants. He also possessed a licence to sell beer. Today, the inn with its beer garden is a popular place for a day out.

Le moulin Brücker et l'auberge y attenante rappellent l'emplacement de l'ancien hameau Brück au Moyen-Age. Ce village était situé sur une ancienne voie marchande qui traversait la rivière Ohm à cet endroit. Près du moulin, documenté pour la première fois en 1248, eut lieu une violente bataille en 1762. Le monument «Friedenstein» (pierre de la paix) a été érigé dans la cour de l'auberge Brücker en souvenir de ce conflit guerrier pendant la guerre de Sept Ans. Dans l'auberge construite en 1752, le meunier Brücker servait des repas aux marchands qui passaient. Il avait le privilège de débit de bière. L'actuel restaurant, avec son café en plein air, est un but d'excursion populaire.

Brücker Mühle

Angelburg-Gönnern

Gönnern, Ortsteil der Gemeinde Angelburg, entstand zwischen 400 und 800 n. Chr. als fränkische Siedlung und ist urkundlich 1296 als „Gindernahe" erwähnt. Aus dem ursprünglichen Bauerndorf entwickelte sich eine Industriegemeinde. Maßgeblichen Einfluß auf diese Umstrukturierung hatte insbesondere die Verkehrserschließung z. B. durch den Bau der Eisenbahnlinie Dillenburg—Wallau—Biedenkopf.

Gönnern, part of the administrative district of Angelburg, was originally a Frankish settlement founded sometime between AD 400 and 800. It is recorded under the name of Gindernahe in 1296. Originally a peasant village, it became a small industrial centre, a development influenced by the construction of the railway line Dillenburg Wallau Biedenkopf, which linked the town with other industrial areas.

Gönnern, localité rattachée à la commune d'Angelburg, fut fondée entre 400 et 800 apr. J.-C. comme colonie franconienne et fut documentée pour la première fois en 1296 sous le nom de «Gindernahe». Le village rural d'origine s'est transformé en un centre industriel. Le développement des transports, avec par exemple la construction de la ligne de chemin de fer Dillenburg-Wallau-Biedenkopf, y a largement contribué.

Das Backhaus im Angelburger Ortsteil Gönnern erinnert an die Zeit, in der die Dorfbewohner ihr Brot und natürlich die großen Bleche mit Zwetschen-, Krümel- und Apfelkuchen hier in den Ofen schoben.

The baking house in the village of Gönnern is a relic of the old days when the villagers used to fill the oven with their loaves of bread as well as huge trays of apple and plum cake.

Le fournil de Gönnern rappelle l'époque où les habitants du village venaient faire cuire leur pain et bien sûr les grandes tôles de tartes aux quetsches, fleuries ou aux pommes dans le four de ce petit bâtiment.

Angelburg-Gönnern, Backhaus
Baking House
Fournil

Bad Endbach

Im Kneipp-Heilbad Bad Endbach, gelegen im landschaftlich reizvollen Salzbödetal, suchen Jahr für Jahr viele Menschen Linderung ihrer Krankheiten. Hier werden die von Pfarrer Sebastian Kneipp entwickelten Methoden der Ganzheitsbehandlung – naturgemäße Diät, Licht-/Luft-/ Bewegungsbehandlung, Kräuter und natürlich die Kneippschen Wasseranwendungen – eingesetzt. Der Kurpark und das Bürgerhaus sind für die Gäste des Ortes, der auch als Fremdenverkehrsort mit Wintersportmöglichkeiten bekannt ist, beliebte Treffpunkte.

The spa town of Bad Endbach lies in the scenic Salzböde valley and it is here that many people come to find a cure for various ailments. The methods developed by Father Sebastian Kneipp for the holistic treatment of disease, such as a diet of natural foods, treatments using light, air, exercise, herbal remedies and the famous Kneipp water treatment are all used. The public park and community hall are popular meeting places for patients and visitors alike. Winter sees an influx of holiday-makers who come to enjoy the excellent winter sports facilities provided by the town.

Bad Endbach, Kurpark
Public Park
Parc thermal

Nombreux sont ceux qui viennent chaque année faire soigner leurs maladies dans la station climatique et hydrothérapique de Bad Endbach, située dans le paysage séduisant de la vallée de Salzböde. Les méthodes thérapeutiques développées par le pasteur Sébastien Kneipp – diète naturelle, traitement par lumière/air/mouvement – y sont appliquées. Le parc thermal et la mairie sont les lieux de rencontre populaires des visiteurs de cette localité, connue également pour ses possibilités de sports d'hiver.

Bad Endbach, Blick von Süden
View from the South
Vue du sud

Biedenkopf

Biedenkopf, Blick auf die Altstadt
View of the Old Town
Vue sur la vieille ville

Über die Häuser der Altstadt geht der Blick hinauf zum ehemals landgräflichen Schloß Biedenkopf. Vor rd. 700 Jahren wurde es auf der Bergkkuppe auf den Resten einer früheren Burganlage errichtet, diente zeitweise als Jagdschloß und beherbergt heute ein Heimatmuseum. Der Ort selbst entstand als bäuerliche Ansiedlung im 12./13. Jahrhundert, wurde 1232 erstmals urkundlich erwähnt und um 1254 im Zusammenhang mit dem Ausbau zum militärischen Stützpunkt in der Zeit Sophies von Brabant zur Stadt erhoben. Neben dem Tuchmacherhandwerk, das über Jahrhunderte für das wirtschaftliche Leben der Stadt von großer Bedeutung war, spielte das Hüttenwesen für Biedenkopf lange Zeit eine zentrale Rolle. Auch heute ist die Stadt im Bereich der oberen Lahn ein wichtiges Wirtschaftszentrum. Das Heimatmuseum im sanierten Biedenkopfer Schloß gibt mit seinen Exponaten einen Einblick in das Leben, in Arbeit, Alltag, Kleidung des Hinterlandes in frühere Zeit. Besonderes Augenmerk verdienen die hessischen Trachten, die Ausstellung „2000 Jahre Eisenverarbeitung an der oberen Lahn" und die Darstellungen des Grenzgangs.

The former landgrave's castle commands attention as it towers over the roofscape of the old town of Biedenkopf. Constructed about 700 years ago on the crest of the hill over the remains of an earlier fortress, it was used for a time as a hunting lodge. Today it houses an interesting museum of local history. The town's origins date back to a farming settlement in the 12th and 13th centuries. The first recorded mention is 1232. It was granted municipal status in 1254 when it was transformed into a military stronghold by Sophie of Brabant. For centuries the economic prosperity of the town depended on two industries, ironworks and weaving. The town is still an important commercial centre in the upper Lahn region.
The museum of local history in Biedenkopf provides an informative picture of everyday life and work for the people of the region in past centuries. Of particular interest are the collection of Hessian traditional clothing, the exhibition "2000 Years of Ironworks along the Upper Lahn" and pictures of traditional local festivities.

Par-dessus le toit des maisons de la vieille ville, le regard s'élève vers l'ancien château des landgraves. Il y a environ 700 ans, il fut bâti au sommet de la colline sur

l'emplacement des vestiges d'un ancien château fort, servit de pavillon de chasse, et abrite aujourd'hui un musée régional de grand intérêt. La localité elle-même, documentée pour la première fois en 1232, fut une agglomération rurale au 12è et 13è siècle. Aménagée comme base militaire à l'époque de Sophie de Brabant, elle fut élevée au rang de ville en 1254. Outre la draperie, qui eut une grande importance économique pour la ville au cours des siècles, la métallurgie joua un rôle essentiel pendant longtemps. Aujourd'hui encore, la ville est un important centre économique.

Le musée régional du château de Biedenkopf, avec ses collections bien présentées, donne un aperçu de la vie quotidienne, du travail et des vêtements des habitants de l'arrière-pays autrefois. On peut y admirer, en particulier, des costumes traditionnels hessois, l'exposition «2000 années de transformation du fer dans le cours supérieur de la Lahn» et une documentation sur la fête traditionnelle du «Grenzgang».

Biedenkopf, Marktplatz

Biedenkopf

Biedenkopf-Wallau

Wallau gehört mit sieben anderen Gemeinden zur Großgemeinde Biedenkopf. Für das Hinterland hat der Ort als Industriegemeinde, die immerhin rund eineinhalbtausend Menschen Arbeitsplätze bietet, einen ganz besonderen Stellenwert. Produkte aus den Wallauer Formenbauwerken gehen an Automobilhersteller rund um den Globus.

Along with seven other villages Wallau forms part of the Biedenkopf municipality. Its economic significance lies in the industry located there which provides around one and a half thousand jobs. Wallau manufactures components for the automobile industry around the world.

Wallau, avec sept autres localités, fait partie de la commune de Biedenkopf. Pour l'arrière-pays la localité a une importance industrielle toute particulière puisqu'elle fournit 1500 emplois à la population. Les produits des usines de pièces de moulage de Wallau sont livrés aux entreprises de constructions automobiles du monde entier.

Breidenbach

Evangelische Kirche

Perf-Stausee ▽

Die Perf, die hier oberhalb von Breidenstein angestaut wird, hat in früheren Jahren bei Hochwasser arge Probleme verursacht. Das hatten bereits die Kelten zu spüren bekommen, die dem Fluß den Namen gaben. „Pernafta" nannten sie ihn, was soviel heißt wie Bärenwasser. Und so wild und unberechenbar wie ein Bär konnte sich die Perf bei Hochwasser auch gebärden, bevor der neue Damm gebaut wurde. Während der Ort Breidenstein im Rahmen der Gebietsreform 1974 der Stadt Biedenkopf zugeordnet wurde, hat sich Breidenbach, 913 erstmals urkundlich erwähnt, seine Selbständigkeit bewahrt und ist als Fremdenverkehrsort ein Anziehungspunkt im Hinterland. Wahrzeichen des Ortes ist die Kirche mit ihrem eigenartig gedrehten, spätgotischen Turm.

The river Perf which is dammed above Breidenbach used to be the cause of serious problems when it rose to dangerous levels. The early Celts who gave the river its name also had to do battle with it. They called it "Pernafta" which means "bear water". And the Perf was as wild and dangerous as a bear at high water before the construction of the new dam. As a result of the local government reforms of 1974 the village of Breidenstein was amalgamated with the town of Biedenkopf, but Breidenbach, first recorded in 913, retained its independence. Today it is a popular tourist town. Its emblem is the church with its unusual late Gothic tower.

La rivière Perf, dont les eaux sont retenues au-dessus de Breidenbach, a causé dans le passé de sérieux problèmes en période de crue. Les Celtes y furent déjà confrontés puisqu'ils appelèrent le cours d'eau «Pernafta» qui signifie en quelque sorte «eau des ours». En période de crue, la Perf pouvait être en effet aussi sauvage et inattendue qu'un ours jusqu'à ce que le barrage soit construit. La localité de Breidenbach, documentée pour la première fois en 913, fut rattachée à la ville de Biedenkopf dans le cadre de la réforme territoriale de 1974, mais elle a su garder son indépendance et est un pôle d'attraction touristique de l'arrière-pays. Son symbole est son église avec un clocher datant du gothique flamboyant dont la pointe se termine curieusement par une légère torsion.

Cölbe

Blick von Süd-Westen
View from the South-West
Vue du sud-ouest

Aus der landwirtschaftlich ausgerichteten Gemeinde Cölbe ist in den letzten Jahrzehnten eine Industrie- und Gewerbegemeinde mit rd. 7000 Einwohnern entstanden. Die Ursprünge der ersten Siedlung gehen vermutlich auf die Zeit zwischen 300 und 400 n. Chr. zurück.

Cölbe used to be a small agricultural village but in the last decades it has become a thriving commercial and light industry centre with 7,000 inhabitants. The first settlement in Cölbe was most probably established sometime between AD 300 and 400.

La localité de Cölbe, orientée autrefois vers l'agriculture, s'est développée au cours des dernières décennies en une commune industrielle et commerciale d'environ 7.000 habitants. Les origines de la localité remontent probablement aux années 300 à 400 apr. J.-C.

Das Hofgut Fleckenbühl beherbergt heute eine Suchtselbsthilfe-Gemeinschaft. Hier wohnen, leben und arbeiten Drogenabhängige, Alkoholiker und Tablettenabhängige. Die Mitglieder der Lebensgemeinschaft erarbeiten einen Großteil ihrer Lebenserhaltungskosten in einer Reihe von Berufsfeldern im Hofgut, erzeugen Naturprodukte und stellen Gebrauchsgüter her. Das Hofgut „Fleckinboil" war ehemals ein festes Schloß und datiert (erste urkundliche Erwähnung) aus dem Jahre 1308. Das Wirtschaftsgebäude wurde 1905 erbaut. Der letzte Namensgeber, der hessische Staatsminister Philipp Franz von Fleckenbühl, starb 1796.

The Fleckenbühl manor farm is today a centre for the rehabilitation of drug addicts and alcoholics who live and work on the farm. The members of the group support themselves by organic farming, market gardening and arts and crafts. The manor farm was once a fortified castle called Flekkenboil which is first mentioned in 1308. The present farm buildings were constructed in 1905. The last of the Fleckenbühls was the Hessian minister of state, Philipp Franz von Fleckenbühl, who died in 1796.

Le domaine de Fleckenbühl héberge aujourd'hui une communauté d'entraide aux toxicomanes. Drogués, alcooliques et pharmacodépendants y habitent, vivent et travaillent. Les membres de la communauté vivent en grande partie du produit de leurs activités: exercice de différents métiers sur le domaine, production de denrées alimentaires naturelles et objets artisanaux. Le domaine «Fleckinboil» était autrefois un château, documenté pour la première fois en 1308. Les dépendances furent construites en 1905. Le dernier de la lignée qui lui donna son nom, le ministre Philipp Franz von Fleckenbühl, mourut en 1796.

Dautphetal-Buchenau

Buchenau gehört zur Gemeinde Dautphetal. In einer Urkunde des Klosters Caldern aus dem Jahre 1238 wird der Ort erstmals erwähnt.
Im Frühjahr 1986 drohte dem ehemaligen Magazingebäude der Carlshütte bei Buchenau noch der Abbruch. Damit wäre nicht nur für das Hinterland ein bau- wie industriegeschichtliches Denkmal verloren gegangen. Gemeinsam mit der Eigentümerin hat der Landkreis Marburg-Biedenkopf im öffentlichen Interesse ein Konzept für die Sanierung und deren Finanzierung entwickelt, an dem auch der Schloßverein Biedenkopf beteiligt wurde. Das Landesamt für Denkmalpflege und der Landeskonservator hatten ebenfalls erheblichen Anteil daran, daß der imposante Fachwerkbau der Carlshütte nach erfolgter Instand-

Dautphetal, Carlshütte

setzung auch künftigen Generationen Zeugnis von der langen Geschichte der Region als Industriestandort ablegt.

Buchenau is part of the administrative district of Dautphetal. The village is first mentioned in a document belonging to the monastery of Caldern in 1238.
In spring 1986 the former warehouse belonging to the Carlshütte ironworks at Buchenau was threatened with demolition. This would have meant the loss of an important example of industrial architecture. The Marburg-Biedenkopf local authority stepped in and with the cooperation of the owners worked out a plan to save and restore the building. The Biedenkopf Castle Society also contributed to it. The Commission for the Preservation of Historic Monuments was also deeply involved in the restoration plan which secured the future of the Carlshütte warehouse and guaranteed that one of the most imposing examples of industrial architecture illustrating the economic history of the region will be preserved for future generations.

Buchenau fait partie de la commune de Dautphetal. Cette localité fut mentionnée pour la première fois dans un document du monastère de Caldern en 1238.

Au printemps 1986, l'entrepôt des usines métallurgiques Carlshütte de Buchenau devait être détruit. Un monument de l'architecture et de l'histoire industrielle de l'arrière-pays aurait ainsi disparu. La circonscription administrative de Marburg-Biedenkopf et la propriétaire du bâtiment développèrent conjointement un projet d'intérêt public pour sa restauration et son financement avec le soutien de l'association du château de Biedenkopf. La Direction du Land pour la Conservation des Monuments participa largement à ce projet pour que l'imposant bâtiment des Carlshütte, après sa remise en état, reste un exemple d'emplacement industriel dans l'histoire régionale pour les générations futures.

Ebsdorfergrund-Dreihausen

Dreihausen im Ebsdorfer Grund ist Ortsteil der gleichnamigen Großgemeinde. Auf seine Ursprünge weisen Reste von Ringwällen einer Fliehburg (Königshöfe) hin. Gebäudereste lassen auf eine Entstehung im 8. Jahrhundert schließen. Dreihausen war in der Vergangenheit für seine Töpferwaren bekannt. Die nahen Basaltbrüche führten dazu, daß im Ort viele Pflasterer beheimatet waren.

Dreihausen in Ebsdorfer Grund is part of the administrative district of the same name. Archaeological remains of walled fortifications indicate that it was once a place of refuge in times of danger, and the remains of buildings date it to about the 8th century. Dreihausen used to be well known for the pottery it produced. The basalt quarries nearby provided a livelihood for several plasterers in the village.

Le village de Dreihausen fait partie de la grande commune d'Ebsdorferground. Les vestiges des remparts d'un château fort (refuge de la cour des rois) témoignent de ses origines. Les ruines des bâtiments permettent de dater sa fondation au 8è siècle. Dreihausen était connu autrefois pour ses poteries. Il y avait également de nombreux paveurs en raison des carrières basaltiques des environs.

Ebsdorfergrund-Rauischholzhausen

Rauischholzhausen, Schloßpark
Castle Park
Parc du château

Schloß Rauischholzhausen, erbaut zwischen 1871 und 1876 von der Familie Stumm, prägt seit seiner Entstehung das Ortsbild. Die Stumms gehörten im 18. und 19. Jh. zu den bedeutensten saarländischen Industriellen und waren u.a. Eigentümer von Eisenhütten in Lothringen. Das Schloß macht auf den Betrachter mit seinen Türmchen, Säulen, mit Gauben und Fenstern mit Butzenscheiben den Eindruck eines Dornröschen-Schlosses. Der wunderschöne Park von etwa 32 ha, angelegt im englischen Stil, alten Baumbeständen und Wasserläufen, lädt zu beschaulichen Spaziergängen ein. Schloß Rauischholzhausen gehört seit dem Jahre 1945 dem Land Hessen und wird von der Justus-Liebig-Universität in Gießen als Tagungsstätte genutzt. Noch ein Wort zum Dorf Rauischholzhausen; ursprünglich hieß der Ort Holzhausen, bis im Rahmen einer Territorialreform 1933 der Name einer früher hier wohnhaften Grundbesitzerfamilie von Rau dem alten Ortsnamen vorangestellt wurde. So wurde also aus Holzhausen Rau'ischholzhausen, später Rauischholzhausen.

Castle Rauischholzhausen, constructed between 1871 and 1876 by the Stumm family, is the most important landmark in the village. In the 18th and 19th centuries the Stumms were one of the leading industrialist dynasties in the Saarland and owned ironworks in Lorraine. With its turrets, pillars and dormer windows glazed with panes of bull's eye glass the castle has the romantic allure of the Sleeping Beauty's castle. It is set in 32 hectares of beautiful parklands landscaped in the English style with old trees, streams and lakes. The gardens are open to the public. The castle itself belongs to the state of Hesse since 1945 and is used by the University of Giessen for congresses and important functions. The village of Rauischholzhausen was originally known as Holzhausen. In 1933 the name of the Rau family, who were local landowners, was affixed to the village name and thus Holzhausen became known

as Rau'ischholzhausen, and later Rauischholzhausen.

Le château de Rauischolzhausen, que fit édifier la famille Stumm entre 1871 et 1876, marque la physionomie de la localité depuis sa construction. Au 18è et 19è siècle les Stumms comptaient parmi les plus importants industriels saarlandais et étaient propriétaires d'usines sidérurgiques en Lorraine. Le château, avec ses tourelles, colonnes, ses lucarnes et vitres en cul-de-bouteille, donne l'impression au visiteur d'un château de la belle au bois dormant. Le magnifique parc d'environ 32 ha aménagé en style anglais, les nombreux vieux arbres et les cours d'eau invitent à des promenades contemplatives. Depuis 1945 le château de Rauischholzhausen appartient au land de Hesse et sert de lieu de conférences à l'université de Gießen. A l'origine, le village s'appelait Holzhausen; en 1933, dans le cadre d'une réforme territoriale, le nom d'une famille de propriétaires terriens y ayant résidé autrefois fut placé en tête de l'ancien nom. Holzhausen devint ainsi Rau'ischholzhausen et plus tard Rauischholzhausen.

Fronhausen

In Fronhausen (erste urkundliche Erwähnung im Jahre 1159) hat sich der ländliche Charakter auch noch im Ortsbild erhalten. Die schönen Fachwerkhäuser tragen ihren Teil dazu bei.

The particularly fine half-timbered houses in the village of Fronhausen (first recorded in 1159) contribute much to its rural character.

A Fronhausen, documentée pour la première fois en 1159, le caractère rural domine encore la physionomie de la localité et les belles maisons à colombage y contribuent largement.

Gießener Straße/Grabenstraße

Gladenbach

Gladenbach, Blick von Süd-Osten
View from the South-East
Vue du sud-est

Die Stadt Gladenbach ist, ähnlich wie Bad Endbach, Ziel vieler Menschen, die sich von einer Kneipp-Kur Erholung und Linderung erhoffen. Der staatlich anerkannte Kurort hat sich kontinuierlich zum Mittelpunkt im südlichen Hinterland entwickelt.

Die Geschichte Gladenbachs (erste urkundliche Erwähnung 1237) ist eng mit der Burg Blankenstein, deren Ruine noch zu sehen ist, verknüpft. Den hessischen Landgrafen diente Schloß Blankenstein von 1323 an lange Zeit als Sommersitz. Die Martinskirche sowie weitere alte Kirchenbauwerke zeugen von der kirchlichen Bedeutung der Stadt, zu der im 15. Jahrhundert 20 Kirchengemeinden gehörten.

Auch Schwimmbäder haben im Laufe der Zeit ihr Gesicht gewechselt. Das Hallenbad in Gladenbach wurde vor einigen Jahren mit einer grundlegenden Verjüngungskur den veränderten Wünschen der Badegäste angepaßt. Vom braven Sportbad verwandelte es sich in das Freizeitbad mit dem vielsagenden Namen „Nautilust". Schwimmerbecken, Plansch- und Kinderbecken, Außenbecken mit Gegenstromanlage, Whirlpool und Wasserfall finden bei kleinen und großen Wasserratten lebhaften Zuspruch. Dampfbad, Sauna, Solarien und ein Restaurant runden das Angebot im Nautilust ab.

Gladenbach, like Bad Endbach, is a popular spa town providing Kneipp water treatments. This officially recognized spa town has developed into an important commercial centre for the southern corner of the Marburg-Biedenkopf region. Gladenbach's history (first written mention of the town in 1237) is closely connected with Blankenstein castle, the ruins of which are all that remain today. This castle was the summer residence of the landgraves of Hesse from 1323 onwards. With its Church of St. Martin and other sacred buildings Gladenbach was an important ecclesiastical centre in the 15th century when 20 parishes belonged to it.

Not only old buildings, but also such mundane objects as swimming pools change with time. A few years ago, Gladenbach's indoor swimming pool was completely redesigned to appeal to a new generation of swimmers. Instead of a spartan swimming pool for training and sports purposes, it was turned into a recreational centre with a large pool for adults and smaller ones for children of all ages. It also boasts an outdoor swimming area as well as a whirlpool and waterfall. In addition, there are steam baths, saunas and solariums available. A restaurant on the premises provides refreshments.

La ville de Gladenbach est, comme Bad Endbach, fréquentée par ceux qui veulent se reposer et recouvrir la santé par traitement hydrothérapique. La station thermale, reconnue par l'Etat, s'est développée continuellement et est

devenue le centre de l'arrière-pays sud. L'histoire de Gladenbach, documentée à partir de 1237, est étroitement liée à celle du château fort Blankenstein dont on peut encore voir les vestiges. A partir de 1323 et pendant longtemps, ce château servit de résidence d'été aux landgraves hessois. L'église Martin et plusieurs autres anciens édifices religieux montrent l'importance religieuse de la ville qui regroupait 20 paroisses au 15è siècle.

Les piscines ont aussi changé de visage avec le temps. La piscine couverte de Gladenbach, suite à une «cure de rajeunissement» il y a quelques années, a été adaptée aux nouveaux besoins de ses visiteurs. La piscine d'origine, aménagée pour la natation, a été transformée en une piscine de loisirs au nom prometteur de «Nautilust» (plaisirs de la natation). Bassins de natation et de plongée, bassin extérieur avec installation à contre-courant, bassins pour enfants, bassins à tourbillons et cascades font la joie des petits et des grands. Un bain turque, un sauna, un solarium et un restaurant complètent la gamme des aménagements de Nautilust.

Gladenbach, Pfarrhaus
Vicarage
Maison paroissiale

Gladenbach, Nautilust ▷

Gladenbach, Nautilust ▷

Kirchhain

Kirchhain, Rathaus
Town Hall
L'Hôtel de Ville

Das um 1450 erbaute Rathaus der Stadt Kirchhain mit seinem Treppenturm ist der Blickfang des von ansehnlichen Bürgerhäusern umsäumten Marktplatzes. Um dem zum Erzbistum Mainz gehörenden Amöneburg etwas entgegenzusetzen, errichteten die Landgrafen von Thüringen auf dem sog. Kirchhainer Hügel im 14. Jh. eine Burg. 1352 wurde Kirchhain zur Stadt erhoben, erhielt später Marktrecht und ist trotz eines verheerenden Brandes 1412, Notzeiten im 30- und 7jährigen Krieg, stetig aufgeblüht. Neben dem Rathaus und den Häusern am Markt verdienen insbesondere die Stadtkirche St. Michael, Reste der Stadtmauer und der Hexenturm Beachtung.

Kirchhain's town hall, constructed around 1450, is the centrepiece of the market square which is bordered by fine patrician houses. In the 14th century the landgraves of Thuringia erected a castle on a hill called Kirchhain as a counterbalance to the Amöneburg fortress which was in the hands of the Archbishop of Mainz. In 1352 Kirchhain was granted municipal status and later received a market town charter. It was nearly destroyed by a catastrophic fire in 1412, and it suffered greatly in the Thirty Years and Seven Years War. Nevertheless, it survived, and even prospered. Apart from the town hall and patrician houses, the Church of St. Michael as well as the remains of the town walls and the witches' tower are worth seeing.

L'hôtel de ville de Kirchhain construit en 1450, avec sa tour d'escalier, est le pôle d'attraction de la place du marché entourée de belles maisons bourgeoises. Pour s'opposer à Amöneburg qui faisait partie de l'archevêché de Mayence, le landgrave de Thuringe fit construire au 14è siècle un château fort sur la dite colline de Kirchhain. Kirchhain fut reconnue ville en 1352, reçu ensuite le droit de tenir marché et, bien que ravagée par un incendie en 1412 et des années de misère pendant les guerres de Trente Ans et de Sept Ans, n'a cessé de prospérer. Outre l'hôtel de ville et les maisons de la place du marché, l'église paroissiale St Michel, les vestiges des remparts de la ville et la tour des sorcières valent la peine d'une visite.

Kirchhain, Altstadt
Old Town
Vieille ville

Lahntal

Sterzhausen bildet zusammen mit 6 ehemals selbständigen Orten die Gemeinde Lahntal. Der Ort mit rd. 1.700 Einwohnern liegt langgestreckt im Lahntal am südlichen Hang des Wollenbergs. Der Ortsname hat seit seinen ersten urkundlichen Erwähnungen um 1220 als Steinartshusen = Haus des Steinhardus bis zu seiner jetzigen Form eine Reihe von Wandlungen erfahren, zuletzt 1570, als „Stertzhausen". Im Mittelpunkt des alten Ortskerns ist die Wehrkirche mit ihrem wuchtigen Turm sehenswert.

Die weitläufigen Wiesen und Felder, die Sterzhausen umgeben, laden zum Spaziergang und Verweilen ein. Daß – wie hier – im Frühjahr die Obstbäume ein prächtiges Blütenbild (und später gutes Obst) liefern, ist regelmäßigen Pflanzaktionen zu verdanken.

Goßfelden, über dessen Dächer hier der Blick geht, war die Heimat des großen Heimatmalers Otto Ubbelohde. Eine Reihe seiner Motive zur Illustration der Grimmschen Märchen fand der Maler in der Nähe seines Wohnortes.

Die älteste Schreibweise des Lahntaler Ortsteils „Gozfelde" weist auf das Jahr 850.

Lahntal-Sterzhausen, Evangelische Kirche

Sterzhausen belongs to the administrative district of Lahntal together with six other formerly independent villages. It has ca. 1,700 inhabitants and lies in the Lahn valley on the southern slopes o f the Wollenberg. The village name was first recorded in documents around 1220 as Steinartshusen, meaning the house of Steinhardus. It underwent several changes before it got its present form in 1570. In the middle of the village stands the fortified church with its massive belfrey which is well worth a visit. Sterzhausen with its mixed farming and commercial economy has become a popular pla ce to live in.

The rolling meadows and fields which surround Sterzhausen are ideal for long walks and recreation. Well-tended fruit tree plantations enrich the landscape and in spring (as in this picture) the frui t trees are covered in blossoms. Goßfelden, seen in this rooftop view, was the native village of the well-known painter Otto Ubbelohde. Several of his illustrations for Grimm's fairytales are moti fs from the surrounding countryside.

The oldest form of the village name "Gozfelde" dates back to the year 850.

Lahntal-Goßfelden

Sterzhausen forme, avec six autres localités autrefois autonomes, la commune de Lahntal. L'agglomération, qui compte environ 1.700 habitants, s'étire le long de la vallée de la Lahn au pied du versant sud de la colline Wollenberg. Elle fut documentée pour la première fois en 1220 sous le nom de Steinartshusen (maison de Steinhardus) et, après divers changements, acquit son appellation actuelle en 1570. L'ancienne église fortifiée qui se dresse, avec son imposant clocher, au centre de la localité, vaut la peine d'une visite. Les vastes champs et prairies qui l'entourent invitent à la promenade et à la détente. Grâce à des plantations régulières on peut admirer au printemps, comme ici, les nombreux arbres fruitiers en pleine floraison (qui donneront plus tard une bonne récolte).

Goßfelden, vu comme ici par-dessus les toits, fut le pays natal du peintre local Otto Ubbelohde. Il choisit un grand nombre des motifs utilisés à l'illustration des Contes de Grimm près de chez lui. L'ancienne orthographie de la localité, «Gozfelde», date de l'an 850.

Lohra

In einer landschaftlich reizvollen Umgebung liegt die Gemeinde Lohra mit rund 5.600 Einwohnern. Heideflächen beim Ortsteil Nanz-Willershausen und der Luftkurort Kirchvers machen Lohra auch für den Fremdenverkehr interessant. Der „Ort an der Weide" (Lar=Weide) taucht 769 in ersten Urkunden auf und gelangte über die Reichsabtei Lorsch und das Erzstift Mainz im 13. Jahrhundert in den Besitz der hessischen Landgrafen.

Lohra, a village of 5,600 inhabitants, is situated in an area of great natural beauty. The heath near Nanz-Willershausen and the spa town of Kirchvers attract tourists to the Lohra area. The "village beside the willow tree" (Lar means willow) first appears in written records as early as 769. It came into the possession of the Hessian landgraves in the 13th century through the imperial abbey of Lorsch and the archbishopric of Mainz.

La commune de Lohra, avec ses quelques 5.600 habitants, est située dans un paysage plein de charmes. Les étendues recouvertes de bruyères aux alentours de Nanz-Willershausen et la petite station climatique de Kirchvers en font un lieu touristique attrayant. La localité fut documentée pour la première fois en 769 et entra en possession des landgraves hessois au 13è siècle par l'abbaye impériale de Lorsch et l'archevêché de Mayence.

Universitätsstadt Marburg

Marburg, die „junge Stadt mit alter Tradition" wie sie gerne bezeichnet wird, ist als Kreisstadt Mittelpunkt und von zentraler Bedeutung für den Großkreis Marburg-Biedenkopf. Die Geschichte des Landes Hessen beginnt im Jahr 1248 in dieser Stadt. Die Entwicklung protestantischer Universitäten nimmt mit der von Landgraf Philipp dem Großmütigen 1527 gegründeten alma mater Philippina von Marburg ihren Anfang. Die Universitätsstadt, in der die Heilige Elisabeth ihr soziales Lebenswerk vollendete und starb, war in ihrer 856jährigen Geschichte (1138 erste urkundliche Erwähnung) immer Bezugspunkt für die Gemeinden im Umland.

Marburg, "the youthful town with an ancient tradition", is in several respects the centre of the Marburg-Biedenkopf region. It was here that the history of the state of Hesse began in the year 1248. Philip the Magnanimous founded the Protestant university of Marburg in 1527.
The outlying villages in the hinterland have always felt the gravitational pull of the university town in the course of its 856 year history (first recorded in 1138). St. Elizabeth lived and died here carrying out her mission to help the poor and the sick.

Marburg, «ville jeune à tradition ancienne», comme on la désigne souvent, est, à certains égards, d'une importance centrale pour la circonscription de Marburg-Biedenkopf et en représente le cœur. L'histoire du Land de Hesse commence en 1249 dans cette ville. La fondation de l'université Philipp à Marburg en 1597 par le landgrave Philippe le Téméraire est à l'origine du développement des universités protestantes.
La ville universitaire, dans laquelle la sainte Elisabeth acheva son œuvre sociale et mourut, fut toujours, au cours de ses 856 ans d'histoire (elle fut documentée pour la première fois en 1138), le point d'appui des communes environnantes.

Blick auf die Altstadt ▷
Ein stadtgeschichtliches Konzentrat; die Lutherische Pfarrkirche im Süden, der mächtige Querbau der Alten Philipps-Universität, darüber das Rathaus und alles überragend das Schloß.

View of the Old Town ▷
A view of Marburg's history: The Lutheran Parish Church to the south, the old university building, above it the town hall, and towering over it all the castle.

Vue sur la vieille ville ▷
Ensemble historique de la ville: l'église paroissiale Luther au sud, l'imposant bâtiment transversal de l'ancienne université Philipp, au-dessus l'hôtel de ville, le tout couronné par le château.

Rathaus
Rund 10 Jahre hat es gedauert, bis das Rathaus, seit seiner Vollendung im Jahre 1527 Sitz der Stadtregierung, nach seiner grundlegenden Sanierung wieder im alten Glanz erstrahlt.

Town Hall
The town hall has been the seat of the municipal administration since 1527. The recent restoration of this building took nearly 10 years to complete.

L'hôtel de ville
Il a fallu 10 ans pour que l'hôtel de ville, siège du conseil municipal depuis sa construction en 1527, retrouve son ancienne splendeur après une entière restauration.

Marktfrühschoppen
Am 1. Sonntag im Juli eines jeden Jahres findet auf dem Marktplatz der traditionelle Marktfrühschoppen statt.

Drinking Festival
On the first Sunday of July a traditional drinking festival takes place at the marketplace.

La «chope du matin» sur la Place du Marché
Le premier dimanche de juillet a lieu chaque année, sur la Place du Marché, la traditionnelle fête de la «chope du matin».

Landgrafenschloß
Das Schloß der hessischen Landgrafen krönt die Stadtsilhouette. Die Baugeschichte datiert die Ursprünge der Anlage in das 10. Jahrhundert.

Landgrave's Castle
The castle residence of the Hessian landgraves towers above the town. The earliest construction dates back to the 10th century.

Le château des landgraves
Le château des landgraves de Hesse s'élève au-dessus de la ville. Sa construction remonte 10è siècle.

Elisabethkirche
Am Fuße der nördlichen Altstadt, erbaut vom Deutschen Ritterorden in den Jahren 1235–1283, erhebt sich eine der frühesten und schönsten gotischen Bauten Deutschlands, die Elisabethkirche.

Church of St. Elizabeth
The Church of St. Elizabeth, one of the earliest and most beautiful of Germany's Gothic buildings, which was built 1235–1285 by the Order of the Teutonic Knights, stands at the foot of the northern section of the old town.

L'église Elisabeth
Au nord, en bas de la vieille ville, se dresse un des plus beaux édifices allemands de style ogival primaire, l'église Elisabeth, construite par l'Ordre Teutonique entre 1235 et 1283.

Münchhausen

Etwas Märchenhaftes, Verwunschenes hat er an sich, der Spiegelsee am Fuße des Christenberges. Umgeben von alten Bäumen, spiegelt sich in den stillen, dunklen Fluten das Bild der Christenbergkirche. Ausgrabungsfunde auf dem Christenberg weisen auf keltische Befestigungsanlagen aus der Zeit 447 v. Chr. hin. Wie die Amöneburg und der Marburger Schloßberg bot der Christenberg mit seinen topographischen Gegebenheiten für die Verteidigung ideale Voraussetzungen. Später errichteten die Franken auf dem Christenberg ebenfalls eine trutzige Wehranlage, die Kesterburg. Die Kirche auf dem Christenberg wird erstmals um 1230 urkundlich erwähnt, ist jedoch nicht das erste Gotteshaus an dieser Stelle.

Der Name der Gemeinde Münchhausen, 1223 als Munichehusen, 1225 als Monchehusen genannt, weist darauf hin, daß hier Mönche das Christentum lehrten. Münchhausen, im Wetschaftstal gelegen, ist nicht zuletzt wegen der vorgenannten Sehenswürdigkeiten heute ein beliebter Fremdenverkehrsort.

The lake at the foot of the Christenberg radiates a romantic fairytale atmosphere. Surrounded by old trees, the old Christenberg church is reflected in the still, dark waters of the lake. Archaeological excavations have proved that there was a Celtic fortress on this site in 447 BC. Like the Amöneburg and the Marburg castle hill, the topographical features of the Christenberg made it an ideal site for a defensive settlement. Later, the Franks erected the Kesterburg, a formidable fortification on the same site.

The church on the Christenberg was first recorded in 1230, but it was not the first one to be constructed on this spot. The name of the village of Münchhausen recalls that once Christian monks lived and taught here. The village is mentioned as Munichehusen in 1223 and Monchehusen in 1225. Münchhausen lies in the Wetschaft valley and attracts tourists who want to visit the Christenberg.

Le lac «Spiegelsee» au pied de la colline de Christenberg, avec son aspect enchanteur, semble sortir d'un conte de fée. L'image de l'église de Christenberg, entourée de vieux arbres, se miroite dans les flots sombres et tranquilles. Les fouilles ont révélé des fortifications celtes datant de 447 av. J.-C. Comme Amöneburg, Christenberg était par sa situation topographique privilégiée un lieu idéal de défense de la région. Plus tard, les Francs y contruisirent également une forteresse, celle de Kesterburg. L'église fut documentée pour la première fois en 1230, mais n'est pas le premier bâtiment religieux à cet endroit.

Le nom de la commune de Münchhausen, appelée d'abord Munichehusen en 1223 et Monchehusen en 1225, indique que des moines y prêchèrent le christianisme. Münchhausen, située dans la vallée de la Wetschaft, avec le Christenberg comme curiosité, est aujourd'hui un lieu d'excursion populaire.

Spiegelsee

Neustadt

Auch aus der Luft ist das Wahrzeichen Neustadts, der Junker-Hansen-Turm, schnell auszumachen. Mächtig wie dieser Rundbau aus der Zeit um 1480 müssen auch die baulichen Anlagen der Wasserfeste mit Burgmauern, hohen Ringwällen und Wehrtürmen gewesen sein, die Graf Ludwig von Ziegenhain 1270 errichten ließ. Die erste Erwähnung Neustadts geht auf das Jahr 1294 zurück. Nach einer wechselvollen Geschichte, Niedergängen des Ortes durch Kriege und Plünderungen, hat sich die Stadt von der Ackerbürgersiedlung des 19. Jh. zu einem gewerblichen Mittelpunkt, der auch für die nähere Umgebung wichtige Versorgungsfunktionen wahrnimmt, entwickelt.

Ein eindrucksvolles Zeugnis handwerklicher Baukunst ist der um 1480 von dem Baumeister Jakob von Ettlingen errichtete und nach Junker Hans von Dörnberg genannte Rundturm. Auf dem aus 4 Meter starken Mauern bestehenden Untergeschoß ruht ein Fachwerkrundbau mit achteckigem Helmdach, umgeben von 4 gleichartigen Ecktürmen. Der Junker-Hansen-Turm wird als größter Fachwerkrundbau Europas bezeichnet.

Neustadt's emblem, the Junker Hansen tower, is easily recogni-

zable from the air. This is a massive circular construction dating from ca. 1480. The other buildings which once existed beside it, a fortress surrounded by a moat, fortified walls and watchtowers erected by Count Ludwig of Ziegenhain in 1270 must have been equally impregnable. The first written mention of Neustadt is in 1294. In the course of its chequered history the town was plundered and destroyed in successive wars. In the 19th century it was inhabited mainly by a community of local farmers, but since then it has developed into a thriving commercial centre providing various essential services for the surrounding area.

The circular tower designed by the master builder Jakob von Ettlingen and named after the knight Hans von Dörnberg is an impressive example of the carpenter's skill in timberframe construction. The walls of the lower storey are four metres thick. On top of them is a circular half-timbered second storey crowned by an octagonal helm roof and four uniform corner turrets. The Junker Hansen tower is considered to be Europe's largest circular timberframe construction.

Vu d'avion, le symbole de Neustadt, la tour Junker-Hansen, est facile à repérer. L'ancienne forteresse entourée d'eau, que fit construire le comte Ludwig von Ziegenhain en 1270, avec ses hauts terrassements, son mur d'enceinte et ses tours fortifiées était certainement aussi imposant que cet édifice circulaire datant de 1480. La localité de Neustadt fut mentionnée pour la première fois en 1294. Après une histoire mouvementée, des périodes de décadence causées par les guerres et les pillages, la localité rurale du 19è siècle s'est développée en un centre économique important qui assure l'approvisionnement des villages des alentours. La tour ronde construite par le bâtisseur Jakob von Ettlingen et qui doit son nom à Junker Hans von Dörnberg, constitue un impressionnant témoignage d'architecture artisanale. Sur le rez-de-chaussée, formé d'un mur de 4 mètres d'épaisseur, est construit un bâtiment circulaire à colombage avec un toit en poivrière octogonal entouré de quatre tourelles d'angle semblables. Cette tour passe pour le plus important édifice circulaire à colombage d'Europe.

Neustadt, Junker-Hansen-Turm

Neustadt, Rathaus ▷
Town Hall
L'Hôtel de Ville

Rauschenberg

Als staatlich anerkannter Luftkurort hat sich die Stadt Rauschenberg in den letzten Jahren kontinuierlich entwickelt. Die ersten Siedlungsanfänge deuten auf die Zeit um das Jahr 1000 hin. Die Stiftsherren von Fulda ließen auf dem Rauschenberg eine Burg errichten, in deren Schutz die Siedlung wuchs. 1266 erhielt der Ort Stadtrecht. Im 30jährigen Krieg erlitt die Stadt schwere Brandschäden und wurde von den Kriegsparteien geplündert. Die Ruine der Burg sowie die Stadtkirche mit ihrem mächtigen Wehrturm, das Rathaus und eine Reihe gut restaurierter Fachwerkhäuser machen einen Besuch in Rauschenberg lohnenswert. Ein Schmuckstück Rauschenbergs ist das Fachwerk-Rathaus aus dem Jahre 1558. Das Gebäude, auch heute noch Sitz der Stadtverwaltung, wurde 1988 saniert.

The town of Rauschenberg owes its prosperity in recent years to its official status as a spa town. The first settlements here date back roughly to the year 1000. The canons of Fulda erected a castle on the hill for the protection of the settlement. In 1266 the village was granted a charter and became a town. During the Thirty Years War the town was set on fire and plundered by all the warring factions. The castle ruins as well as the town church with its sturdy defence tower, the town hall and a number of beautifully restored half-timbered houses make Rauschenberg well worth a visit. The timberframe town hall dating from 1558 is one of Rauschenberg's finest buildings. It was restored in 1988 and is still the seat of the municipal authority.

Rauschenberg, Rathaus
Town Hall
L'Hôtel de Ville

Rauschenberg

La petite ville de Rauschenberg, reconnue station climatique par l'Etat, a eu un essor continuel au cours des dernières années. La première agglomération remonte à l'an 1000. Les chanoines de Fulda laissèrent édifier un château fort sur la colline, qui devait protéger la localité et permettre son développement. En 1266 elle fut reconnue ville. Pendant la guerre de Trente Ans, la ville fut l'objet de nombreux incendies et fut pillée par les adversaires guerriers. Il faut visiter les vestiges du château fort et l'église avec son imposant clocher fortifié, l'hôtel de ville et de nombreuses maisons à colombage restaurées. Le plus bel édifice de Rauschenberg, l'hôtel de ville à colombage, date de 1558. Il fut entièrement restauré en 1988 et est encore aujourd'hui le siège de la municipalité.

Stadtallendorf

Volkspark

Stadtallendorf ist im Landkreis Marburg-Biedenkopf der industrielle Mittelpunkt. Die Ursprünge der 1960 mit den Stadtrechten versehenen Gemeinde gehen auf die chattische Siedlung „Berinsconzo" (Bärenschuß) zurück, die 782 in einer Schenkungsurkunde an das Kloster Hersfeld erwähnt wurde. Der heutige Name ist erstmals in einer bischhöflichen Urkunde aus dem Jahre 1233 als „Aldindorf im Bersgizzen" (Bärenschießen) erwähnt. Zu den baulichen Zeitzeugen zählen u. a. die über 250 Jahre alte Barockkirche St. Katharina und eine Reihe historischer Fachwerkhäuser.

Das neue Stadtzentrum ist mit seinen attraktiven Einkaufsmöglichkeiten ein lebendiger Treffpunkt. Grünanlagen wie hier in der Nähe des Rathauses tragen dazu bei, daß sich Stadtallendorf auch im Stadtbild selbst als „junge Stadt im Grünen" bezeichnen darf.

An der Stelle der heutigen Gedenkstätte Münchmühle waren unter dem NS-Regime in einem Außenkommando des Konzentrationslagers Buchenwald Tausende von Kriegsgefangenen und Zwangsarbeitern in Barackenlagern zusammengepfercht, die in den benachbarten Allendorfer Munitionsfabriken DAG und WASAG unter unmenschlichen Bedingungen den Nachschub für die Kriegsmaschinerie herstellen mußten.

Zentrum der sportlichen Aktivitäten und Austragungsort nationaler sowie internationaler Wettkämpfe ist die Herrenwaldhalle. Rund 1.500 Zuschauer können in der 90 x 51 m großen Leichtathletikarena das Geschehen verfolgen.

Stadtallendorf is the industrial centre of the Marburg-Biedenkopf region. The origins of this town which was granted municipal status in 1960 go back to the Chattian settlement "Berinsconzo" (bear beating) which was first mentioned in 782 in a deed of gift to the abbey of Hersfeld. The present name is first mentioned in 1233 as "Aldingdorf im Bersgizzen". Among the buildings of historical interest are the baroque Church of St. Catherine which is over 250 years old and a number of historically interesting half-timbered houses.

The new town centre with its excellent shopping centre is a favourite meeting place. Green spaces like this one near the town hall give the town a pleasant aspect. Where the Münchmühle memorial now stands there were once barracks where thousands of prisoners of war and internees condemned to forced labour under the NS regime lived in the most appalling conditions. They were obliged to work for the Allendorf munitions factories supplying the war effort.

The Herrenwald hall is the centre of the town's sports activities and is host to national as well as international competitions. Around 1,500 spectators can follow the athlethics events in the 90 by 51 m arena.

Stadtallendorf est le cœur industriel de la circonscription de Marburg-Biedenkopf. Les origines de cette commune, déclarée ville en 1960, remontent à l'établissement des Chattes à «Berinsconzo» qui fut mentionné dans un acte de donation au cloître d'Hersfeld en 782. Le nom actuel apparut pour la première fois dans un document épiscopal en l'an 1233 comme «Aldindorf im Bersgizzen». Parmi les bâtiments historiques de la ville, il faut citer l'église baroque Ste Catherine de plus de 250 ans et de nombreuses maisons à colombage.

Le nouveau centre-ville, avec ses nombreux magasins attirants, est un lieu de rendez-vous animé. Des espaces verts, comme ici près de l'hôtel de ville, donnent à la localité la physionomie d'une «jeune ville vert», dont elle est fière de pouvoir se vanter.

A l'endroit où se trouve aujourd'hui le monument commémoratif Münchmühle, des milliers de prisonniers de guerre et forçats furent parqués dans des baraques sous le régime national-socialiste dans le cadre d'un commando extérieur du camp de concentration de Buchenwald; ils devaient, dans des conditions inhumaines, assurer le ravitaillement en matériel de guerre dans les fabriques de munitions d'Allendorf DAG et WASAG.

Le gymnase Herrenwald est le centre des activités sportives et le lieu de compétitions sportives nationales et internationales. Environ 1.500 visiteurs peuvent être accueillis dans cette grande arène d'athlétisme de 90 sur 51 m.

Am Hahnenrain

Herrenwaldhalle

Stadtallendorf-Schweinsberg

Von der einst uneinnehmbaren Burganlage (1230) der Schencken zu Schweinsberg ist durch Einwirkungen des Dreißigjährigen Krieges nur ein Teil erhalten geblieben, so die Neue Kemenate, die auch heute noch bewohnt ist. Auch der Fähnrichsbau im Torbereich sowie Reste der weitläufigen Befestigungen haben die Jahrhunderte überdauert.

Kein Verkehrslärm, keine Abgase stören die Tier- und Pflanzenwelt, die sich im Naturschutzgebiet „Schweinsberger Moor" frei entfalten kann. Das weitläufige Gelände ist Brutstätte bedrohter Vogelarten, Rastplatz für Zugvögel.

The once impregnable fortress of the Schencken zu Schweinsberg suffered so badly during the Thiry Years War that only part of it has survived. The New Appartments still exist and are inhabited by the family today. The Ensigns' Quarters near the entrance as well as the remains of extensive fortifications have managed to survive the centuries.

The nature reserve "Schweinsberg Moor" offers protection for animals and plants which can exist there undisturbed by twentieth-century civilization. The extensive area provides nesting grounds for endangered species of birds and stop-overs for migrating birds.

Schweinsberger Moor

De la forteresse imprenable des Schenk zu Schweinsberg (1230) il n'est resté qu'une seule partie après la guerre de Trente Ans, dont la nouvelle chambre à cheminée qui est encore habitée aujourd'hui. Le bâtiment dit des «aspirants», près du portail, de même que la plus grande partie des remparts, ont aussi survécu au cours des siècles.

Les animaux et les plantes qui sont préservés dans leur habitat naturel dans la réserve botanique et zoologique «Schweinsberger Moor» ne sont gênés par aucune circulation ni aucuns pots d'échappements. La vaste étendue marécageuse sert de lieu de couvaison à des oiseaux en voie de disparition et de halte aux oiseaux migrateurs.

Steffenberg

Steffenberg-Obereisenhausen

Steffenberg-Oberhörlen

Die fachwerkreiche Gemeinde Steffenberg ist ein „Kind der Gebietsreform", d.h., der Name, abgeleitet von dem gleichnamigen Berg, ist genauso jung wie die Großgemeinde selbst (1974). Unter den dazugehörigen Ortsteilen ist Steinperf wohl der älteste. Hier haben bereits 500 v. Chr. Siedler gelebt.

The administrative district of Steffenberg with its many timberframe buildings is a product of local government reorganization in 1974 and was called after the mountain of the same name. The oldest village in this new administrative amalgamation is Steinperf. The first settlement at this spot was around 500 BC.

La commune de Steffenberg, riche en maisons à colombage, est le produit de la réforme territoriale; Dérivée du mont du même nom, son appellation date de l'année de la création de la commune elle-même, à savoir 1974. Parmi les localités qui en font partie, Steinperf est la plus ancienne puisqu'elle fut déjà peuplée vers 500 ans av. J.-C.

Weimar

Weimar, Argensteiner Mühle

Es muß nicht immer der „rauschende" Bach sein, an dem eine Mühle klappert ... Hier bei Argenstein, hinter der Nehebrücke, wo die Lahn mit einem Wehr gestaut wird, dreht sich das mächtige Rad wieder. Der Eigentümer hat es restauriert und somit der Nachwelt ein Stück Idylle erhalten. Die Argensteiner Mühle, deren Ursprünge bis ins 14. Jh. zurückreichen sollen, ist seit 3 Jahrhunderten im Besitz derselben Müllerfamilie. Argenstein, 1332 als „Argostene" urkundlich erwähnt, gehört zur Großgemeinde Weimar.

Über 45 Prozent der Nutzfläche im Landkreis Marburg-Biedenkopf dient der Landwirtschaft. Üppige Getreidefelder, wie hier bei Weimar, haben maßgeblichen Anteil daran.

Not every mill-wheel must turn against the background of a tumbling, rushing stream. Here at Argenstein behind the Nehe bridge, where the Lahn has been dammed to form a weir, the powerful mill wheel turns endlessly. The mill has been restored by the owners who have helped to preserve the memory of the old days for today's generation. For the past 300 years the Argenstein mill, which is reputed to date back as far as the 14th century, has been in the hands of the same family. Argenstein, first mentioned in the records as Argostene in 1332, belongs to the administrative district of Weimar.

Over 45 % of the land available for agricultural use in the Marburg-Biedenkopf region is under cultivation. Most of it is arable land as these rich cornfields in Weimar-Niederwalgern show.

Le clapotis d'un moulin ne doit pas forcément être associé au murmure d'un ruisseau, comme par exemple ici près d'Argenstein, au bord de la Lahn; mais là où le fleuve est retenu par un barrage, derrière le pont «Nehbrücke», l'énorme roue tourne à nouveau. Le propriétaire l'a restaurée, laissant ainsi aux générations futures une trace nostalgique du passé. Le moulin d'Argenstein, dont les origines remonteraient au 14è siècle, appartient depuis trois siècles à la même famille de meuniers. Argenstein, documenté pour la première fois en 1332 sous le nom de «Argrostene», fait partie de la commune de Weimar.

Plus de 45 % de la surface utile de la circonscription de Marburg-Biedenkopf sert à l'exploitation agricole, comme le montrent ici les abondants champs de céréales à Weimar-Niederwalgern.

Wetter-Mellnau

Burg Mellnau wurde um 1248 vom Mainzer Erzbischof Siegfried III. als Bollwerk zur Kontrolle des Verkehrs zwischen den Städten der hessischen Landgrafen in Marburg und Frankenberg errichtet. Aber auch mittelalterliche Fernstraßen konnten von hier, hoch oben auf der Bergkuppe, überwacht werden. Die Burg mußte infolge der Niederlage Landgraf Philipps des Großmütigen im Schmal-

kaldischen Krieg zerstört werden. Die Ruine des Bergfrieds dient heute als Aussichtsturm.

Mellnau castle was erected around 1248 by the Archbishop of Mainz, Siegfried II, as a bulwark to control the traffic passing between the towns of Marburg and Frankenberg which belonged to the Hessian landgraves. From this vantage point high up on the hill the medieval roads could be overlooked and controlled. After the defeat of Landgrave Philip the Magnanimous in the Schmalkaldic war the castle was pulled down. Today the ruins offer a fine view of the surrounding countryside.

Le château fort de Mellnau fut édifié vers 1248 par l'archevêque de Mayence, Siegfried III, comme bastion de contrôle du trafic marchand entre les villes du landgrave de Hesse, Marburg et Frankenberg. Même les grandes routes médiévales pouvaient être gardées du haut de cette colline. Le château fort fut détruit après la défaite du landgrave Philippe le Téméraire, suite à la dissolution de la ligue de Smalkade. On a une vue magnifique sur les environs des vestiges du donjon.

Wetter

Im Wetschaftstal liegt die Stadt Wetter mit rd. 9.600 Einwohnern, einer guten Infrastruktur und einer an Fachwerkhäusern reichen Altstadt. Der Ort taucht im 8. und 9. Jh. erstmals in Urkunden auf. Der heutige Name ist im Jahre 1108 nachweisbar. Die alte Heer- und Handelsstraße, die „Weinstraße", hat auf die Entwicklung Wetters maßgeblichen Einfluß gehabt. Die zeitweise gemeinsamen Eigentumsrechte von Mainz und Hessen an dem Ort sind auch heute noch im Wappen Wetters festgehalten (Hess. Löwe und Mainzer Rad). Zu den Sehenswürdigkeiten gehört neben Resten der Stadtbefestigung und der aus dem 12. Jh. stammenden Stiftskirche die Ruine der Burg Mellnau im gleichnamigen Stadtteil.

The town of Wetter with its population of ca. 9,600 inhabitants and an excellent infrastructure lies in the Wetschaft valley. It is a very old town, the first recorded mention of it being found in documents dating from the 8th and 9th centuries. The present name, Wetter, dates from 1108. The ancient military and trading route, the "wine route", had an important influence on Wetter's development. At one time both the Archbishopric of Mainz and the state of Hesse simultaneously exercised proprietorial rights over the town and this is reflected in Wetter's coat of arms which contains the Hessian lion and the wheel of Mainz. The remains of the town's defensive walls as well as the 12th century prebendary church are worth seeing. The ruined castle in Mellnau just outside Wetter should not be missed.

La ville de Wetter, avec ses quelques 9.600 habitants, une bonne infrastructure et une vieille ville riche en maisons à colombage, est située dans la vallée de la Wetschaft. La localité fut mentionnée pour la première fois au 8è et 9è siècle. Son nom actuel remonte à 1108. L'ancienne route militaire et marchande, la «Weinstraße» (route du vin) a joué un grand rôle dans le développement de Wetter. Les droits de propriété en partie communs de Mayence et de Hesse apparaissent encore aujourd'hui dans les armoiries de la ville (lion hessois et roue de Mayence). Outre les vestiges des remparts de la ville et l'église collégiale du 12è siècle, il faut citer parmi les curiosités de la commune les ruines du château fort de Mellnau dans le village du même nom.

Wohratal-Wohra

Gemeinsam mit den Ortsteilen Halsdorf, Hertingshausen und Langenstein bildet Wohra die Gemeinde Wohratal. Der Fluß, die Wohra, gibt dem Ort wie auch der umgebenden Landschaft den Namen. „Wohraha" (Aha=Wasser) ist in den Archiven 775 erstmals urkundlich feststellbar und damit der älteste Gemeindeteil.

Together with Halsdorf, Hertingshausen and Langenstein the village of Wohra forms the administrative district of Wohratal. The river, the Wohra gives the village as well as the surrounding countryside its name. "Wohraha" (Aha means water) is mentioned in documents as early as 775 and is thus the oldest village of the district.

Avec les localités d'Halsdorf, Hertingshausen et Langenstein, Wohra forme la commune de Wohratal. La rivière, la Wohra, lui a donné son nom et celui des environs. «Wohraha» (aha = eau) fut documentée pour la première fois en 775 et est ainsi la plus ancienne agglomération de la commune.

Fachwerk

Timberframe Architecture

Le colombage

Die Bild-Kollage (Seite 70) zeigt im oberen Drittel eine Ausgestaltung mit Motiven, die dem Jugendstil zuzuordnen sind (Wohnhaus in Schweinsberg). Die Gefache im mittleren Bereich stammen aus einer Kratzputz-Arbeit mit typischen bäuerliche Motiven, die nicht unbedingt einer Stilrichtung zuzuordnen sind (Schartenhof in Eckelshausen). Im unteren Foto ist eine Gefachgestaltung mit barockem Anklang zu sehen (Backhaus im Ebsdorfergrund).
Neben rein konstruktivem Fachwerk gibt es in vielfacher Ausgestaltung das Fachwerk als repräsentative Fassadengestaltung. Im unteren linken Bildteil (Seite 71) ist eine Konstruktion zu sehen, die als „Wilder Mann", auch „Hessenmännchen", bezeichnet wird und dem Barock zuzuordnen ist. Das Flachrelief-Schnitzwerk zeigt Jugendstil-Anklänge (Wohnhaus in Gladenbach).
Der Eckpfosten im rechten Bildteil ist ein echtes Meisterwerk, das im unteren Bereich einen „Neidkopf" aufweist. Der Name deutet auf seine Funktion hin; dem Nachbargebäude zugewandt sollte die prächtige Hausfassade den Neid des Nachbarn hervorrufen (Wohnhaus in Niederwetter).
Der linke obere Ausschnitt entstammt einer Deckenbalkenzone zwischen den Stockwerken. Über dem Rähm mit Zahnleiste im unteren Bereich sind die Füllhölzer mit Viertelstabprofil zu erkennen, verziert mit einem Perlschnurmotiv. Die darüberliegende Schwelle weist ebenfalls die Perlschnurverzierung auf (Kirche in Rachelshausen).

The upper third of the photo collage (page 70) shows the use of motifs which are Art Nouveau in character (dwelling in Schweinsberg). The filled beam spaces in the middle show sgraffito work with typical peasant motifs which do not belong to any particular style (Schartenhof in Eckelshausen). In the bottom picture the beam spaces are reminiscent of the baroque period (baking house in Ebsdorfergrund).
Timberframe architecture has been used not only as a construction method but also as a decorative element, especially in building fronts. In the bottom left picture (p. 71) the motif "wild man" or "Hessian mannekin" from the baroque period can be seen. The low relief carving shows Art Nouveau influence (house in Gladenbach).
The corner post in the picture on the right is a masterpiece with its "jealous head" in the lower section. The name indicates its function. It faces the neighbouring houses and the magnificent facade on which it sits was intended to arouse the envy of the neighbours (house in Niederwetter).
The upper left picture shows the area of ceiling beams between the storeys. Some of the beams are decorated with a beaded motif. The threshold above is also decorated with the same beaded motif. (church in Rachelhausen).

Le photomontage (page 70) montre dans son tiers supérieur un arrangement de motifs de style art nouveau (habitation à Schweinsberg). Les panneaux de la partie moyenne représentent un sgraffite avec des motifs typiques de la vie paysanne auxquels on ne peut pas forcément attribuer un style particulier (Schartenhof à Eckelshausen). La photo du bas montre un panneau de style baroque (fournil d'Ebsdorfergrund).
Outre la construction à colombage en soi, on trouve différentes décorations de façades à colombage représentatives. Dans la partie inférieure gauche de la photo (page 71) on peut voir une construction typiquement hessoise de style baroque. Les sculptures des bas-reliefs sont de style art nouveau (habitation à Gladenbach).
Les montants de coin dans la partie droite de la photo sont un véritable chef-d'œuvre représentant une tête conjuratoire dans le bas. Dirigée vers la maison voisine, l'imposante façade avait pour but d'éveiller la jalousie des voisins (habitation à Niederwetter).
Le fragment supérieur gauche provient d'une solive entre les étages. Au-dessus du linteau à denticules, dans la partie inférieure, on peut voir des bois de remplissage avec une moulure en quart de rond ornée d'un motif de fusarolles perlées. Le seuil situé au-dessus présente également des ornements de fusarolles perlées (église à Rachelhausen).

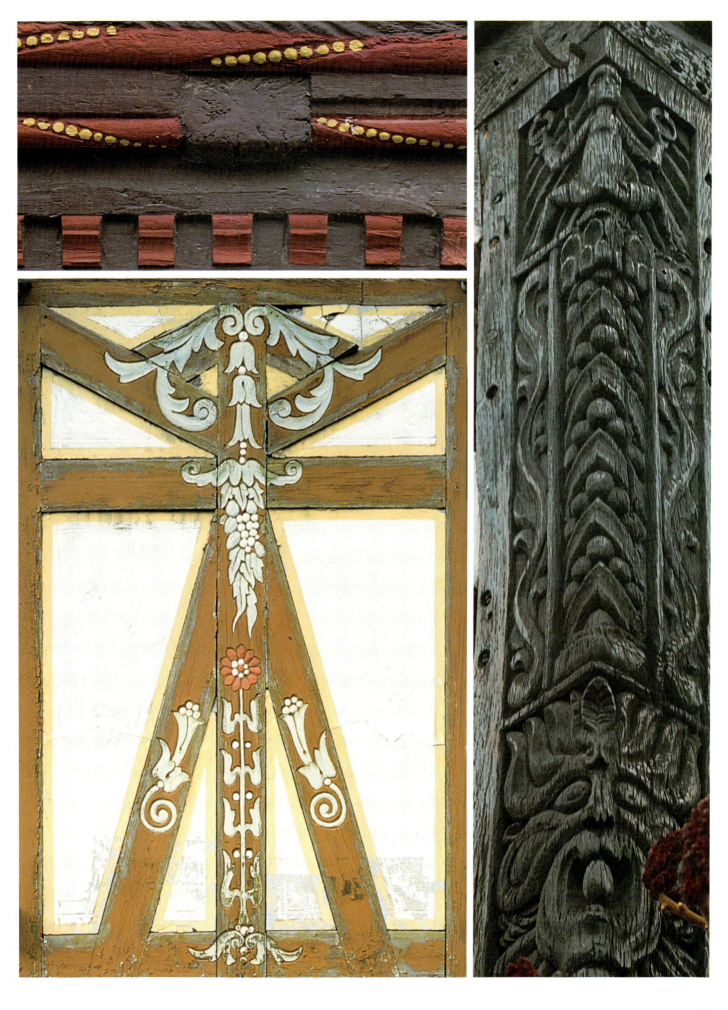

Ostereiermalerei

Easter Egg Decoration

La décoration des œufs de Pâques

Die Kunst des Bemalens von Hühner-, Enten- und Vogeleiern hat im Landkreis Marburg-Biedenkopf Tradition. Nach alten Motiven entstehen wahre Kunstwerke, bei Sammlern begehrte Objekte. Eine Meisterin in dieser alten Volkskunst ist Mine Becker aus Erfurtshausen. Hier sehen wir sie bei der Arbeit. Zunächst wird Bienenwachs über einer Flamme erhitzt. Anschließend erfolgt mit einer Stahlfeder die Verzierung des Eies. Die Motive haben oft symbolischen Charakter wie z. B. das Sonnenrad und der Lebensbaum. Manchmal werden auch noch Sinnsprüche oder Verse aus Gedichten aufgetragen.

The art of painting hen's, duck's and bird's eggs is an old tradition in the Marburg-Biedenkopf region. Old motifs are used and they are eagerly sought after by collectors. One of the best practitioners of this art is Mine Becker from Erfurtshausen. Here we see her at work. Beeswax is heated over a flame, then the egg is decorated with a steel pen. The motifs often have a symbolic significance, such as the sun wheel or the tree of life. Sometimes mottoes or verses are painted on them.

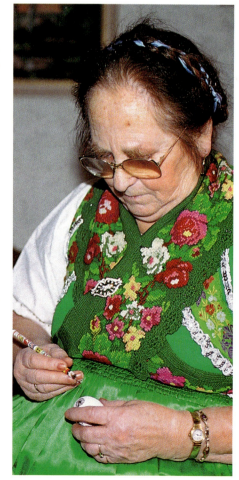

L'art de peindre les œufs de poules, canards et oiseaux est une grande tradition dans la région. De véritables œuvres d'art, très prisées par les collectionneurs, sont réalisées d'après d'anciens motifs. Mine Becker d'Erfurtshausen est maîtresse dans cet art populaire. Nous la voyons ici au travail. De la cire d'abeille est tout d'abord chauffée au-dessus d'une flamme. L'œuf est ensuite décoré avec cette cire à l'aide d'une plume d'acier. Les motifs ont souvent un caractère symbolique. Des dictons ou les vers de poêmes sont aussi parfois inscrits sur l'œuf.